생선 아카데미

인간론 ❽

하나님과 화목하라

프롤로그

　생활 속 선교, 이것은 지난 2000여년간 기독교 공동체가 세상을 향해 꾸준히 던졌던 메시지입니다. 수많은 믿음의 선조들이 하나님을 아는 지식을 바탕으로 자신이 속한 가정과 일터에서 그 믿음을 지키는 삶을 살았습니다. 그들을 통해 가정이 바뀌고 일터 문화가 바뀌고 힘들었던 세상은 더 나은 세상으로 바뀌었습니다.

　하나님은 우리 인간의 모든 영역에 관심을 갖고 계십니다. 생활 선교사는 각자 생활의 영역에서 하나님 사랑, 이웃 사랑을 실천하며 선교적 삶을 살아가는 사람입니다. 생활 선교사가 되기 위해서는 훈련이 필요합니다. 삶의 모든 영역에서 선교사의

역할을 감당하려면 성부, 성자, 성령 하나님은 어떤 분이신지, 우리는 어디로부터 와서 어디로 가는지, 인간의 창조와 타락과 구원의 과정은 어떠한지 이러한 다양한 주제에 대해 정리가 되어 있어야 합니다. 세상은 계속해서 우리를 속이려 하기 때문에 우리는 더욱 배우기를 힘써야 합니다.

> 악한 사람들과 속이는 자들은 더욱 악하여져서 속이기도 하고 속기도 하나니 그러나 너는 배우고 확신한 일에 거하라 너는 네가 누구에게서 배운 것을 알며 또 어려서부터 성경을 알았나니 성경은 능히 너로 하여금 그리스도 예수 안에 있는 믿음으로 말미암아 구원에 이르는 지혜가 있게 하느니라 딤후 3:13~15

생활 선교사를 줄여서 생선이라 표현하고 이분들을 훈련하는 아카데미를 개설했습니다. 온라인 방송은 세계 각 지역의 한인 디아스포라에게 생선 아카데미를 전파할 수 있는 좋은 수단이 되었습니다. 미국, 일본, 중국, 홍콩, 미얀마, 인도, 태국 등 다양한 나라에서 다양한 삶의 환경에 있는 분들과 함께 소통할 수 있었습니다. 이러한 강의 내용을 다 듣고 핵심을 정리하여 각각의 주제를 명확하게 이해할 수 있도록 소책자 형식으로 발간했습니다.

『하나님과 화목하라』는 인간론 시리즈 중 여덟 번째로 출간되었습니다. 인간은 자유의지를 가지고 있습니다. 내가 하고 싶은 일을 마음껏 하는 것이 자유의지의 목적이 아닙니다. 참된 그리스도인들은 하나님의 주권적인 뜻에 순종하기 위해 자유의지를 사용합니다. 이 책이 하나님의 주권에 순종하여 하나님과 화목의 관계를 회복하는 데 도움을 주길 바랍니다.

생선 아카데미에 발을 들이신 독자 여러분 모두가 성경을 배우고 구원에 이르는 지혜를 깨달아 생활 선교사로서 각자 삶의 영역에서 복음을 전파하시길 소망합니다.

박진석 목사

● 생선 아카데미 3대 목표

1. 하나님의 권능, 지혜, 성품의 도움을 받아 세상 권세를 이긴다.

2. 생활 선교사로서 온전한 사랑과 믿음과 지식을 구비한다.

3. 배우고 깨달은 바를 적용하고 실천해서 삶의 실제적인 열매를
   맺는다.

1장 / 삼위일체 하나님의 주권

'하나님의 주권'이라는 관점

성경은 성부 하나님이 유일하신 주권자라고 말씀합니다. 하지만 만약 성부 하나님만 유일하신 주권자라고 한다면 성자 예수님은 주권자가 아닐까요? 아닙니다. 성자 예수님은 "나와 아버지는 하나"라고 말씀하셨습니다. 또한 성령 하나님은 로마서에서 그리스도의 영, 사도행전에서는 예수의 영, 하나님 아버지의 영이라고 표현됩니다. 이렇듯 성부와 성자와 성령 하나님은 모두 주권자입니다. 하지만 주권의 순위로 보면 성부 하나님이 유일하신 주권자라고 할 수 있습니다. 우리는 삼위일체 하나님의 주권을 분리해서 이해하지만 주권에도 순서와 으뜸이 있다고 이해해야 합니다. 성경은 삼위일체 하나님의 주권을 각각 구분하며 설명합니다.

> 우리 주 예수 그리스도께서 나타나실 때까지 흠도 없고 책망 받을 것도 없이 이 명령을 지키라 기약이 이르면 하나님이 그의 나타나심을 보이시리니 하나님은 복되시고 유일하신 주권자이시며 만 왕의 왕이시며 만주의 주시요 오직 그에게만 죽지 아니함이 있고 가까이 가지 못할 빛에 거하시고 어떤 사람도 보지 못하였고 또 볼 수 없는 이시니 그에게 존귀와 영광과 영원한 권능을 돌릴지어다 아멘 딤전 6:14-16

우리가 천국에 가면 하나님 아버지를 볼 수 있을까요? 모릅니다. 성령 하나님도 영이기 때문에 볼 수 없습니다. 우리는 성자 예수님을 보게 될 것입니다. 예수님을 보면 아버지와 성령을 본 것입니다. 성경은 "그에게 존귀와 영광과 영원한 권능을 돌릴지어다"라고 말씀합니다. 성부 하나님은 이천 년 전에 예수님을 통해 이 땅에 나타나셨습니다. 성부 하나님은 예수님과 함께 하셨습니다.

이스라엘의 선지자들이 했던 말들은 모두 예수님에 대한 계시였습니다. 이스라엘 사람들의 눈은 아직 가려져 있습니다. 그들은 예수님을 십자가에 못 박았기 때문입니다. 로마서 11장에서 이방인의 충만한 숫자가 채워지기까지 이스라엘 사람들이 강퍅하게 될 것이라고 예언되어 있습니다. 그중에서 눈을 뜨는 사람들이 생겨나고 있습니다. 이처럼 세계는 하나님의 주권대로 이루어지고 있습니다.

그러므로 우리는 '하나님의 주권'이라는 관점에서 세계와 정치 등 모든 것들을 바라볼 수 있어야 합니다. 하나님의 뜻은 인간의 작은 문제만을 해결해 주는 용도가 아닙니다. 오히려 하나님의 뜻을 우선으로 생각하면 나머지는 알아서 해결될 때도 있습니다. 이 땅은 하나님의 백성들에게 훈련받는 곳입니다. 하나님의 백성들은 "하나님은 복되시고 유일하신 주권자", "만왕의 왕이시며 만유의 주"라는 사실을 고백할 수 있어야 합니다.

성경은 하나님이 이 세상의 주관자라고 말씀합니다. 특별히 신약성경은 성부 하나님과 예수님의 주권에 대해 설명합니다. 예수님이 때가 되어 사람의 몸으로 오셨습니다. 그분은 십자가에서 세상의 죄를 대속하시고 죽으셨습니다. 부활하신 후 다시 오실 때 만물을 주권적으로 통일하십니다. 성부 하나님은 예수님에게 주시려는 영광스러운 기업을 하나님의 자녀들에게 주시려고 하십니다. 만물의 창조주인 하나님의 뜻입니다. 아무리 돈이 많고 인기가 많아도 이것에 대적하면 심판을 받게 됩니다.

'영끌 투자'라는 말이 있습니다. 세상 사람들은 영혼까지 끌어서 세상의 가치에 투자합니다. 그들은 창조주의 뜻에 관심이 없어 보입니다. 세상은 사람들의 마음을 뺏기 바쁩니다. 성부 하나님은 하나님의 주권에 협력하는 사람들과 헌신하는 사람들에게는 영광스럽고 영원하고 무한한 기업, 상속, 유산을 주십니다. 이것이 하나님의 약속입니다. 그러나 엉터리로 믿고, 불순종하면 받을 수 없습니다. 부끄럽게 구원은 받을 수 있을지 모르지만 하나님의 영광스러운 상속자의 반열에는 이르지 못합니다. 천국은 상이 있고 영광과 권세가 다르고 지혜와 사랑의 깊이가 다릅니다. 하나님의 주권을 적당히 믿을 수도 있고 아니면 하나님의 주권에 온전히 순종하며 자신의 삶을 헌신할 수도 있습니다.

하나님의 주권에 복종하는 자

그 뜻의 비밀을 우리에게 알리신 것이요 그의 기뻐하심을 따라 그리스도 안에서 때가 찬 경륜을 위하여 예

정하신 것이니 하늘에 있는 것이나 땅에 있는 것이 다

그리스도 안에서 통일되게 하려 하심이라 엡 1:9-10

성경은 유일하신 주권자이신 성부 하나님과 예수님의 주권적인 뜻을 벗어날 수 없다고 말씀합니다. 여기서 중요한 건 "하늘에 있는 것이나 땅에 있는 것이 다 그리스도 안에서 통일"된다는 말씀입니다. 통일된다는 것은 모두가 하나님의 뜻에 복종한다는 뜻입니다. 아무도 그 뜻을 무시하거나 대적하거나 멸시하지 않습니다. 그곳이 영생복락의 나라입니다. 이 뜻을 알았다면 성부, 성자, 성령 즉 삼위일체 하나님의 주권에 복종해야 합니다. 이것은 거시적인 하나님의 뜻이자 크고 위대한 경륜입니다. 만물이 주에게서 나오고 주로 말미암고 하나님께 통일됩니다. 이 땅에서 일어나는 미시적인 모든 일들은 모두 거시적인 하나님의 뜻에 맞추어야 합니다. 우리의 삶을 하나님의 뜻에 맞출 때 비로소 눈이 밝아질 수 있습니다. 그 결과 이 세상을 초월

할 수 있는 능력이 생기고 지식에 넘치는 그리스도의 사랑을 깨닫게 됩니다.

특별히 시편 139편 13-18절에서 다윗은 하나님의 주권적 비밀을 알려줍니다. 시편은 다윗이 이새의 아들로 태어난 것이 우연이 아니라 태어나기 전부터 하나님이 선택하셨다는 사실을 말씀합니다. 하나님은 다윗이 태어나기 전에 이스라엘의 왕으로 선택하셨습니다. 장차 도래할 메시아 예수 그리스도의 그림자, 표상, 모형으로서 하나님이 선택하셨습니다. 또한 다윗은 하나님의 주권 속에서 큰 고통을 당합니다. 사울의 충신이요 사위였지만 훈련을 받습니다. 우울증도 걸리고 블레셋 앞에서 침을 흘리기도 합니다. 힘들어서 도무지 못하겠다고 하나님께 기도하기도 했습니다. 그러나 때가 되자 하나님은 다윗의 훈련을 끝내시고 앞길을 열어주십니다.

사실 다윗은 모든 사람에게 배신당했던 사람입니다. 예수님과 비슷합니다. 예수님도 모든 사람에게 배신을 당했습니다. 다윗은 예수 그리스도께서 왕 노릇 하시는 표상이라고 할 수 있습니다. 그러다 다윗은 큰 죄에 빠지기도 합니다. 이것은 하나님 나라의 주권이 하나님의 은혜 아래에 있다는 사실을 일깨워줍니다. 다윗 왕국이 지속되는 것은 다윗의 힘이 아니라 하나님 은혜에 있는 것이지요.

하나님의 주권에 우연은 없습니다. 우리가 태어난 것도 하나님의 주권 안에 있습니다. 다윗이 이스라엘의 왕 노릇 하기 위해 태어난 것처럼 우리도 왕 같은 제사장 노릇하기 위해 태어났습니다. 우리는 창세전에 아버지의 보좌 앞에서 예정되었고 선택받은 자녀입니다. 육신의 생각으로는 그것을 알수 없습니다. 오직 지혜와 계시의 성령으로 깨닫고 하나님과 깊은 교통이 이루어지면 그제야 비로소 이 민족과 가정을 향한 하나님의 뜻을 성경 안에서 발견할 수 있습니다.

몸은 죽여도 영혼은 능히 죽이지 못하는 자들을 두려워하지 말고 오직 몸과 영혼을 능히 지옥에 멸하실 수 있는 이를 두려워하라 참새 두 마리가 한 앗사리온에 팔리지 않느냐 그러나 너희 아버지께서 허락하지 아니하시면 그 하나도 땅에 떨어지지 아니하니라 너희에게는 머리털까지 다 세신 바 되었나니 두려워하지 말라 너희는 많은 참새보다 귀하니라 마 10:28-31

예수님은 제자들을 파송하면서 어려운 일을 준비시킵니다. 예수님은 "몸과 영혼을 능히 지옥에 멸하실 수 있는 이를 두려워하라"라고 말씀하십니다. 지옥과 심판이 있습니다. 오늘날 지옥 이야기는 환영받지 못합니다. 하지만 성경은 지옥에 멸하실 수 있는 하나님을 두려워하라고 말씀하십니다. 또한 참새 한 마리도 그냥 땅에 떨어지지 않다고 말씀하십니다. 하나님께서 다 주관하시기 때문입니다. 모든 것은 하나님의 주권과 허락 안에 있습니다. 그러므로 피조물들은 하나님의 주권 안에 있는 하나님의 뜻을 계속해서 알아가야 합니다.

성경은 재난이 일어날 것을 말씀하지만 이 또한 하나님의 주권 안에 있다는 사실을 말씀합니다. 성경은 재난이 일어나지 않는다고 말씀하지 않습니다. 재난이 일어나지 않게 해달라는 기도는 어쩌면 성경을 모른다는 사실을 반증합니다. 하나님은 재난 속에서 방황하는 우리를 고아처럼 내버려 두지 않으십니다.

하나님은 머리털까지 다 세십니다. 절대적으로 전지하십니다. 두려워하지 말라고 하십니다. 우리는 참새보다 귀한 자녀이기 때문입니다. 내 생명보다 하나님을 사랑하면 하나님이 다 도와주십니다. 이 땅에서 우리가 죽더라도 그리스도 안에 잠자는 자들은 복이 있습니다. 형벌의 부활이 아니라 영생의 부활을 취하기 때문입니다. 성경을 믿고 우리의 감정과 삶 전체가 말씀을 따라가도록 해야 합니다.

핵심과 나눔(Key points & Sharing points)

K1. 성부 하나님은 하나님의 주권에 협력하는 사람들과 헌신하는 사람
들에게 무엇을 약속하십니까?

_____

_____

K2. 예수님은 제자들을 파송하면서 누구를 두려워하라고 말씀하셨습
니까?

_____

_____

S1. 하나님의 주권에 협력하고 헌신하는 삶이란 어떤 삶인지 자신의 생
각을 나눠 봅시다.

_____

_____

S2. 하나님의 주권 아래에 있다고 느낀 경험이 있다면 나눠 봅시다.

_____

_____

_____

_____

2장 / 하나님의 주권과 인간의 죄

거짓의 아비

죄는 하나님의 주권에서 벗어나는 일입니다. 죄는 하나님의 주권에서 벗어나 다른 길을 걸어가게 합니다. 하나님의 주권에 복종해서 그 길을 따라가면 재난과 환난 속에서 더 빠르게 걸어갈 수 있습니다. 가정의 문제와 나라의 문제 등 모든 것들이 다 해결될 수 있습니다. 이제는 하나님의 소원에 우리를 맞추어야 합니다. 하지만 우리는 여전히 우리의 소원만 빕니다. 다른 종교들도 그렇습니다. 소원을 들어줄 테니 돈을 가지고 오라고 합니다. 이 모든 것들은 하나님의 주권에 벗어나는 길입니다. 이사야와 베드로전서는 하나님의 말씀만 영원하다고 말씀하십니다. "오직 주의 말씀은 세세토록 있도다 하였으니 너희에게 전한 복음이 곧 이 말씀이니라"라고 하십니다. 우리는 영혼까지 끌어모아 하나님 말씀에 우리의 삶을 투자해야 합니다.

하나님의 주권을 망가뜨리려 하는 거짓의 아비가 있습니다. 세상 임금, 세상의 신, 가짜 풍요의 신, 쾌락의 신, 번영의 신이라 불립니다. 또한 이간질하고 참소하는 자들이라고도 합니다. 우리는 이 세상의 신을 이길 힘이 없습니다. 그러므로 반드시 하나님의 도움을 받아야 합니다. 하나님이 그리스도 예수로 옷을 입혀 주십니다. 능력을 입혀 주십니다. 성령의 권능을 주십니다. 만약 성령의 권능을 받은 사람이 그 옷을 벗으면 보복이 엄청납니다. 삼손과 다윗이 그렇습니다. 영적 전쟁은 편한

세월이 없습니다. 죽을 때까지 능력으로 무장하고 있어야 합니다. 1초도 방심하면 안 됩니다.

하나님은 자신을 사랑하는 사람들을 의의 길, 십자가의 길로 인도합니다. 결정적으로 음침해 보이는 사망의 길, 자기 자아의 죽음의 길까지도 이끌어 돌파하게 하십니다. 이후 아버지의 영광이 거하는 곳에 참여하게 됩니다. 고난의 잔을 달게 마신 자들은 아버지의 집에 영원히 거할 때 기쁨의 새 포도주를 마시게 됩니다. 대부분의 사람들은 편안한 길을 걸어가려고 합니다. 그리고 종교적인 기쁨에 머물려 합니다. 의의 길로 가고 싶어 하지 않습니다. 사망의 음침한 길에 십자가를 지고 가는 성도는 적습니다. 이것은 지극히 정상적인 반응입니다.

끝까지 자기를 십자가에 못 박고 걸어가는 사람은 고생을 많이 합니다. 포기하지 않고 자기 자아를 죽이며 끝까지 걸어가면 하나님이 그 사람을 위로하십니다. 이 원리는 마가복음 10장 27절에서 말씀하십니다. 주님을 위해 포기한 사람들은 배로 상을 받습니다. 다음 세상에서 영생과 영광을 누리지 못할 자가 없다고 말씀하십니다. 또한 하나님은 우리가 시험당할 즈음에 피할 길을 내주셔서 천국에 들어가게 해 주십니다.

> 내가 여러 번 너희에게 말하였거니와 이제도 눈물을 흘리며 말하노니 여러 사람들이 그리스도의 십자가의 원수로 행하느니라 빌 3:18

빌립보서는 "여러 사람들이 그리스도의 십자가의 원수로 행하느니라"라고 말씀합니다. 여기서 여러 사람들은 예수 믿는 사람들을 가리킵니다. 빌립보교회는 바울을 도왔던 곳입니다. 그곳에도 육신에 속한 어린아이와 같은 성도가 있습니다. 명목상 예수 믿는 자도 있습니다. 그들은 그리스도의 십자가의 원수로 행한다고 말씀합니다.

> 육신의 생각은 하나님과 원수가 되나니 이는 하나님의
> 법에 굴복하지 아니할 뿐 아니라 할 수도 없음이라 **롬** 8:7

육신에 속한 어린아이와 같은 성도라면 십자가를 지자는 말에 반항심이 생길 수 있습니다. 하나님의 말씀 앞에서 고민하고 갈등하게 됩니다.

하나님의 일등공신

> 그는 허물과 죄로 죽었던 너희를 살리셨도다 그 때에
> 너희는 그 가운데서 행하여 이 세상 풍조를 따르고 공
> 중의 권세 잡은 자를 따랐으니 곧 지금 불순종의 아들
> 들 가운데서 역사하는 영이라 **엡** 2:1-2

에베소서 2장 1-2절은 "그는 허물과 죄로 죽었던 너희를 살리셨도다"라고 말씀합니다. 우리가 예수 믿기 전에는 허물과 죄로 하나님께 사형 선고를

받은 사람이라는 뜻입니다. 살아있지만 하나님 앞에서 죽은 사람이었습니다. 세상은 공중의 권세 잡은 자를 따라갑니다. 그들은 "곧 지금 불순종의 아들들 가운데 역사하는 영"입니다.

세상 풍조를 따르는 사람은 편안한 삶을 추구합니다. 편안한 삶을 방해하는 말씀과 가르침을 무시합니다. 말씀을 더 깊이 깨닫는 것을 싫어합니다. 그렇게 믿어도 천국에 갈 수 있지만, 나중에 후회할 날이 옵니다. 온전히 믿으려고 하는 것이 좋습니다. 불순종의 아들들 가운데 역사하는 영은 성도들 가운데에도 역사합니다. 그리고 이 세상의 불순종의 아들들에게도 당연히 역사합니다. 그러므로 우리는 늘 영적인 전쟁에 대비해야 합니다.

영적인 군사로 무장해야 합니다. 우리는 십자가의 원수가 아니라, 영적인 군사가 되어야 합니다. 그럼에도 육신의 정욕, 안목의 정욕, 이생의 자랑을 따라 살아가는 성도들이 많습니다. 하나님의 주권에서 벗어나면 그 마지막은 심판과 지옥입니다.

성경은 예수를 믿는 성도들 중에서도 온전한 회개를 통해 합당한 구원의 열매를 맺지 못하는 자들이 있다고 말씀합니다.

하나님은 신령과 진정으로 드리는 예배를 받기 원하십니다. 하나님이 기뻐하시는 예배는 산 제물로 드리는 예배입니다. 하나님의 주권적인 뜻에 온전히 굴복하는 만큼 하나님이 주시는 기쁨을 충만히 맛보게 될 것입니다.

라오디게아 교회 성도들은 그렇지 못했습니다. 그들은 스스로 만족했습니다. 그들 마음 밖으로 나와 마음 문을 두드리셨습니다. 마음을 다하여 주님께 내어줄 때까지 주님은 기다리십니다. 예수님은 마음을 다하고 생명을 다하고 뜻을 다하기까지 두드리십니다. 생명을 다하는 마음까지 요구하십니다. 심장부까지 요구하십니다. 예수님은 심장까지 장악하기를 원하십니다. 주도권을 완전히 내어주는 자리까지 가기를 원하십니다.

하나님은 하나님의 주권과 뜻에 완전히 투항하

는 사람을 원하십니다. 완전히 항복하는 사람을 원하십니다. 왕은 전적으로 복종하고 투항하는 사람에게 상을 줍니다. 그러나 다른 왕을 따르면서 잠시 무릎을 꿇고 있는 사람에게는 큰 상을 주지 않습니다.

하나님이 일등 공신으로 삼는 사람은 전적으로 충성하는 사람입니다. 마음과 심장을 다 내놓는 사람입니다. 하나님은 그런 사람의 심장을 장악하고, 거룩한 나라로 통치하기 시작하십니다. 그때부터 영혼이 잘됨같이 범사가 잘되는 역사가 나타납니다. 혼과 영과 육신까지 강건하게 만드십니다.

> 곧 우리가 원수 되었을 때에 그의 아들의 죽으심으로 말미암아 하나님과 화목하게 되었은즉 화목하게 된 자로서는 더욱 그의 살아나심으로 말미암아 구원을 받을 것이니라 그뿐 아니라 이제 우리로 화목하게 하신 우리 주 예수 그리스도로 말미암아 하나님 안에서 또한 즐거워하느니라 롬 5:10–11

에베소서 2장 1-10절에서 인간은 육체의 정욕대로 살 수밖에 없는 본질상 진노의 자녀임을 말씀합니다. 하지만 본질상 진노의 자녀에서 하나님의 주권적인 뜻대로 순종할 수 있는 하나님의 자녀가 된 은혜도 함께 말씀합니다. 신앙생활이 무엇일까요? 경건 훈련이 무엇일까요? 하나님의 뜻에 굴복하는 훈련입니다. 하나님과 화목하게 된다는 게 바로 하나님의 뜻에 굴복한다는 뜻입니다.

신앙생활을 하고 주님의 뜻을 따라 순종한다고 하는데 행복하지가 않습니다. 왜 그럴까요? 예수를 처음 믿을 때는 행복했습니다. 시간이 지나면서 나의 뜻과 하나님의 뜻이 충돌합니다. 하나님은 나의 뜻을 내려놓게 만드십니다. 하나님은 죽을 때까지 우리의 뜻을 내려놓게 하십니다. 이것이 은혜입니다. 하나님은 우리와 화목하기 위해 우리의 뜻을 내려놓게 하십니다.

핵심과 나눔(Key points & Sharing points)

K1. 하나님의 주권을 망가뜨리려 하는 거짓의 아비는 여러 이름을 가지고 있습니다. 어떤 이름인가요?

_____

_____

_____

K2. 하나님이 일등공신으로 생각하는 사람은 어떤 사람인가요?

_____

_____

_____

S1. 사탄의 영적인 공격에 방심해서 넘어진 적이 있다면 나눠 봅시다.

_____

_____

_____

S2. 하나님과 내 뜻이 충돌할 때 내 뜻을 내려놓은 경험과 어떻게 그렇게 할 수 있었는지 나눠봅시다.

_____

_____

_____

_____

_____

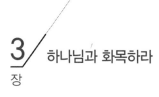

3장 / 하나님과 화목하라

하나님의 주권과 인간의 자유의지

> 그 주인이 이르되 잘하였도다 착하고 충성된 종아 네
> 가 적은 일에 충성하였으매 내가 많은 것을 네게 맡기
> 리니 네 주인의 즐거움에 참여할지어다 하고 마 25:21

작은 일에 충성하는 태도가 필요합니다. 하나님
의 작은 말씀 하나에 충성해야 합니다. 그때 더 많
은 문제가 풀어질 수 있습니다. 더 많은 능력이 생

길 수 있습니다. 더 많은 사역을 감당하게 될 수 있습니다. 하나님의 지경이 더 넓어질 수 있습니다. 작은 일에 충성하니 많은 일을 맡기십니다. 그 다음 "주인의 즐거움에 참여할지어다"라고 말씀하십니다. 빼앗길 수 없는 즐거움을 주십니다.

하나님의 관심사는 많이 주고 적게 주는 것이 아닙니다. 하나님은 가장 사랑하는 사람을 곁에 두고 싶어 하십니다. 레위기의 5대 제사는 모두 무엇입니까? 하나님의 주권과 인간의 자유의지가 일치되고 조화되는 것이 목표입니다. 경건의 목표는 화목하게 되는 것입니다. 항상 기쁜 자는 항상 화목합니다. 항상 화목하기를 원한다면 내 심장을 하나님께 으뜸으로 두어야 합니다. 나 자신, 생명, 물질, 가족, 자녀들보다 하나님을 사랑하는 것에 마음을 두어야 합니다. 목사에게는 교회가 우상이 될 수도 있습니다. 선교사는 선교지가 우상이 될 수 있습니다. 신학자의 신학 지식도 마찬가지입니다.

하나님은 하나님보다 으뜸으로 사랑하는 것이

있는 사람을 시험하십니다. 대표적으로 아브라함이 있습니다. 아브라함은 100세에 얻은 아들을 바치라는 시험을 받습니다. 하나님은 아브라함의 다른 어떤 것도 요구하지 않으십니다. 100세에 얻은 아들 이삭을 바치라고 하십니다. 아브라함에게는 이삭이 가장 소중했기 때문이죠. 아브라함은 이삭을 하나님께 내어놓습니다. 그때부터 하나님은 아브라함에게 모든 것을 다 주기로 하셨습니다. 아브라함을 통해, 그의 후손 예수 그리스도를 통해 모든 민족이 복을 받게 되었습니다.

> 모든 것이 하나님께로서 났으며 그가 그리스도로 말미암아 우리를 자기와 화목하게 하시고 또 우리에게 화목하게 하는 직분을 주셨으니 곧 하나님께서 그리스도 안에 계시사 세상을 자기와 화목하게 하시며 그들의 죄를 그들에게 돌리지 아니하시고 화목하게 하는 말씀을 우리에게 부탁하셨느니라 고후 5:18-19

내가 먼저 하나님과 화목하지 못하면 다른 사람을 하나님과 화목시킬 수 없습니다. 성경은 하나님과 화목하게 된 사람, 화평한 사람, 기쁨이 회복된 사람, 행복이 회복된 사람이 다른 사람과 하나님을 회복시킬 수 있다고 말씀합니다. 하나님과의 관계가 해결되면 세상을 사랑하는 능력이 생깁니다. 날마다 우리의 심장을 하나님께 드리면 사랑의 능력이 확장됩니다. 시어머니를 사랑하게 됩니다. 치매에 걸린 시아버지를 섬기게 됩니다. 직장에 있는 직장 상사를 사랑하게 됩니다. 이 모든 것은 심장을 드리는 성도만 할 수 있습니다.

하나님의 주권 사상은 신학적으로 어거스틴 이후 칼빈을 통해 발전됩니다. 그 다음 알미니우스는 인간의 자유의지를 강조한 신학 사상의 체계를 세웁니다. 이처럼 신학의 흐름에는 하나님의 주권을 강조하는 칼빈주의와 인간의 자유의지를 강조하는 알미니안주의가 있습니다. 감리교, 성결교, 오순절 교단은 알미니안주의가 강합니다. 장로교와 개

혁교회는 칼빈주의가 강합니다. 그러나 이 두 가지 모두는 서로 보완되는 사상이라고 할 수 있습니다. 이것이 틀렸다 혹은 저것이 틀렸다 함부로 말할 수 없습니다. 이 두 가지 사상은 하나님의 주권적인 뜻과 인간의 자유의지를 해석하려는 노력의 산물입니다.

예수님께서 보여주신 균형

> 새벽 아직도 밝기 전에 예수께서 일어나 나가 한적한 곳으로 가사 거기서 기도하시더니 막 1:35

> 예수는 물러가사 한적한 곳에서 기도하시니라 눅 5:16

하나님의 주권적인 뜻과 인간의 자유의지를 상징적으로 보여주는 장면은 겟세마네 동산을 배경으로 합니다. 예수님은 틈만 나면 기도하셨습니다.

예수님도 육신의 몸을 입어서 하나님의 주권적인 뜻에 제한을 받았기 때문입니다. 예수님은 생명의 자유의지와 하나님의 주권적인 뜻이 하나되게 하기 위해 기도했습니다. 본으로 보여주신 것입니다. 예수님은 "내 뜻대로 마옵시고"라고 기도하셨습니다. 예수님은 살고 싶은 의지, 자유의지를 거스르며 땀방울이 핏방울이 될 때까지 기도하셨습니다.

예수님은 완전한 하나님이면서 동시에 완전한 인간입니다. 기도를 통해 성령의 능력에 힘입어 하나님에게 완전히 순종하셨습니다. 예수님은 자신의 뜻을 하나님의 뜻에 맞추고 완전히 굴복하므로 인간의 한계를 뛰어넘으셨습니다. 이처럼 하나님의 뜻 앞에 완전히 굴복하게 되면 성령을 통해 한계를 극복할 수 있게 됩니다. 하나님과 평강하게 만들지 못하는 것들이 있다면 주와 함께 십자가에 못 박고 주님의 뜻대로 복종하려고 하면 문제가 해결됩니다. 이것이 안 되면 평생 문제 앞에서 돌파하지 못하고 인생이 끝나게 됩니다.

예수님은 자기 자신을 포기하며 하나님께 절대적으로 복종하기 위해 기도하셨습니다. 그리고 십자가를 즐거운 마음으로 지고 가셨습니다. 누가 십자가를 즐거운 마음으로 지고 갈 수 있을까요? 하나님과 화목하게 된 사람이 가능합니다. 모든 슬픔과 분노는 하나님 아버지와 화목하지 못했기 때문에 발생합니다. 내 마음의 으뜸을 하나님께 드리고, 내 심장의 주도권을 하나님께 드리면 샬롬하게 됩니다. 완전한 샬롬을 이 땅에서 누리게 됩니다.

> 하나님이 나사렛 예수에게 성령과 능력을 기름 붓듯 하셨으매 그가 두루 다니시며 선한 일을 행하시고 마귀에게 눌린 모든 사람을 고치셨으니 이는 하나님이 함께 하셨음이라 행 10:38

화니 제인 크로스비(Fanny Jane Crosby)라는 여인이 있습니다. 이분은 1820년에 미국에서 태어났습니다. 태어난 지 6주 만에 의사의 실수로 시각을 잃

게 됩니다. 얼마나 비참한 일입니까? 하지만 이 여인은 전 세계에서 가장 사랑받는 찬송시를 씁니다. "천사들 왕래하는 것과 하늘의 영광 보리로다"(찬송가 288장, 예수를 나의 구주 삼고)라고 찬양합니다. 비록 시각장애인이지만 자신의 운명을 비관하지 않습니다. 하나님의 주권적인 뜻에 자신의 자유의지를 복종시킵니다. 자기 부인이라는 십자가 은혜를 경험합니다.

이 땅에서는 시각장애인으로 살았지만, 그것 때문에 하늘의 영광을 바라봅니다. 만약 이 땅에서의 눈이 밝았다면 8,000편의 찬송시를 쓰지 못했을 것입니다. 95세까지 시각장애인으로 살았지만 그 누구보다 충만한 삶을 살았습니다. 그녀는 영적인 돌파를 이루었습니다. 이 땅의 삶을 전부로 생각하지 않았습니다. 만물을 향한 하나님의 뜻에 자신의 삶을 두었습니다.

신앙은 우주 만물을 향한 하나님의 뜻에 자신의 생각과 뜻을 복종시키는 것입니다. 바울이 그랬고,

베드로가 그랬습니다. 화니 제인 크로스비도 그랬습니다. 그들은 세상에 놓인 문제 앞에서 하나님의 주권에 자신을 복종시킴으로써 하나님의 참된 샬롬을 경험할 수 있었습니다.

예수님을 믿고 하나님 아버지의 자녀된 사람은 하나님의 뜻을 거부하는 불순종에서 벗어나 자유의지를 발동시킵니다. 하나님의 주권적 뜻에 순복하여 화목한 사랑의 관계를 회복해 나갑니다. 하나님 아버지의 주권적인 뜻에 순종함으로 핍박과 박해를 이겨냅니다. 끝까지 순종하는 자들은 하나님의 자녀가 되어 하나님과 함께 세상을 다스리게 될 것입니다.

이기는 자는 이것들을 상속으로 받으리라 나는 그의 하나님이 되고 그는 내 아들이 되리라 계 21:7

핵심과 나눔(Key points & Sharing points)

K1. 경건의 목표는 하나님과의 관계에서 무엇을 위함입니까?

_____

_____

K2. 하나님의 주권적인 뜻과 인간의 자유의지를 상징적으로 보여주는
　　장면은 어디를 배경으로 합니까?

_____

_____

S1. 내가 현재 제일 중요하게 생각하는 대상이 무엇인지 나눠 봅시다.

_____

_____

S2. 불순종에서 벗어나 자유의지를 발동시켜 하나님의 주권적인 뜻에
　　순복한 경험이 있다면 나눠봅시다.

_____

_____

_____

_____

생선 아카데미 / 인간론 ❽

하나님과 화목하라

2023년 5월 20일 초판 발행

지 은 이 ┃ 박진석

펴 낸 이 ┃ 김수홍
편   집 ┃ 유동운, 정원희
디 자 인 ┃ 사라박
펴 낸 곳 ┃ 도서출판 하영인
등   록 ┃ 제504-2023-000008호
주   소 ┃ 포항시 북구 삼흥로411
전   화 ┃ 054) 270-1018
블 로 그 ┃ https://blog.naver.com/navhayoungin
이 메 일 ┃ hayoungin814@gmail.com
인스타그램 ┃ https://www.instagram.com/hayoungin7

ISBN 979-11-92254-06-7 (03230)

값 4,900원

* 도서출판 하영인은 복음이 전해지지 않은 곳에 신앙에 유익한 도서를
  보급하는 데 앞장섭니다. 해외 문서 선교에 뜻이 있는 분들의 참여를
  기다립니다.
  후원 _ 국민은행 821701-01-597990 도서출판 하영인